Erste-Hilfe-Verben

Schüler und Erwachsene lernen Deutsch mit Fotokarten

springen

يقفز
yaqfis

پریدن
pariedan

to jump

sauter

Juhu! Wir *springen* in die Luft

Komm DaZu

WELCOME • BIENVENUE • WILLKOMMEN • أهلا وسهلا • خوش آمدید

Cornelsen

Übersetzungen: Arghavan Abedian (Farsi), Hanan El-Asmer (Arab.), Christine House (Engl.), Beatrice De March (Franz.)
Projektleitung: Dorothee Weylandt, Berlin
Redaktion Daniela Brunner, Korschenbroich
Umschlagfoto: Fotolia / yanlev
Gesamtgestaltung: LemmeDESIGN, Berlin

www.cornelsen.de

1. Auflage 2016

Druck: Salzland Druck, Staßfurt

ISBN 978-3-589-15023-6

Inhalt gedruckt auf säurefreiem Papier
aus nachhaltiger Forstwirtschaft.

Bildnachweis: Fotolia / Antonioguillem

DE **sprechen**

AR يتكلم

yatakalam

FA صحبت کردن

sohbat kardan

EN to speak

FR parler

Die Freunde *sprechen* miteinander.

Bildnachweis: Fotolia / kmiragaya

DE

weinen / trösten

AR

يبكي / يواسي

yabki / yuwassi

FA

گریه کردن / دلداری دادن

gerye kardan / deldari dadan

EN

to cry / to comfort

FR

pleurer / consoler

Das Mädchen *weint*.
Die Mutter *tröstet* ihre Tochter.

DE **(sich) umarmen, (sich) küssen**

AR يقبل, يعانق

yuqabbil, yuaniq

FA بغل کردن, بوسیدن

baghal kardan, boosidan

EN to hug, to kiss

FR (se) serrer dans les bras, (s’) embrasser

Die Frau *umarmt* ihren Mann.
Der Mann *küsst* seine Frau.

Bildnachweis: Fotolia / Konstantin Yuganov

DE **schimpfen**

AR يغضب

yaghdab

FA ناسزا گفتن, دعوا کردن

naaseza goftan, dawaa kardan

EN to tell sb. off

FR gronder

Die Mutter *schimpft* mit ihrer Tochter.

Bildnachweis: Fotolia / RioPatuca Images

DE **abholen**

AR يحضر

yuhdir

FA به دنبال رفتن

be donbal raftan

EN to pick up

FR aller, venir chercher

Die Mutter *holt* ihre Tochter im Kindergarten *ab*.

Bildnachweis: Fotolia / marino

DE **gratulieren**

AR يهنئ
yuhannie

FA تبریک گفتن
tabrik goftan

EN to congratulate

FR féliciter

Ihre Freunde *gratulieren* Lisa zum Geburtstag.

Bildnachweis: Fotolia / RioPatuca Images

DE **heißen**

AR يسمى
yussama

FA ناميدن
naamidan

EN to be called

FR s'appeler

Wie soll das Baby *heißen?*

Bildnachweis: Fotolia / Markus Bormann

DE

(sich) mögen

AR

يود

yawadu

FA

علاقه داشتن

alaaghä daashtan

EN

to like

FR

bien aimer

Die Mädchen *mögen* ihre Mutter.

Bildnachweis: Shutterstock / ANURAK PONGPATIMET, Shutterstock / Thomas M Perkins

DE **(sich) streiten / (sich) vertragen**

AR يخاصم / يصالح

yukhassim / yussalih

FA دعوا کردن / آشتی کردن

daawa kardan / aashti kardan

EN to argue with sb. / to get on with sb.

FR se disputer / s'entendre avec qqn

Kim und Juni *streiten sich* häufig,
aber sie *vertragen sich* auch schnell wieder.

Bildnachweis: Fotolia / Daniela Stärk

DE

(sich) verabreden

AR

يوعد

yuiid

FA

قرار گذاشتن

gharar gosaashtan

EN

to arrange to meet sb.

FR

se donner rendez-vous

Ich *verabrede mich* am 31. Oktober mit einer Freundin.

Bildnachweis: Fotolia / Karin & Uwe Annas

DE

lachen, lächeln

AR

إبتسامه, يضحك

ibtissamah, yadhak

FA

خنديدن, لبخند زدن

khandidan, labkhand sadan

EN

to laugh, to smile

FR

rire, sourire

Die Kinder *lachen*.
Die Eltern *lächeln*.

Bildnachweis: Fotolia / Picture-Factory

DE **(sich) freuen**

AR يفرح
yafrah

FA خوشحالی
khoshhali

EN to be happy

FR être contente

Die Frau *freut sich*.

Bildnachweis: Shutterstock / Benoit Daoust

DE **Angst haben**

AR يخاف

yachaf

FA وحشت داشتن

wahshatt daashtan

EN to be afraid

FR avoir peur

Die Frau *hat Angst*.

Bildnachweis: Fotolia / Brian Jackson

DE **vermissen**

AR يشتاق

yaschtaq

FA دلتنگ شدن

deltang shodan

EN to miss

FR regretter l’absence, manquer

Der Junge *vermisst* seine Freunde.

Bildnachweis: Shutterstock / file404

DE **(sich) vorstellen**

AR يتخيل

yatakhayal

FA معرّفی کردن

moarefi kardan

EN to introduce

FR se présenter

Darf ich *mich vorstellen*? Ich heiße Sami.

Bildnachweis: Fotolia / elmirex2009

DE **beten**

AR يصلي
yussali

FA دعا کردن
doaa kardan

EN to pray

FR prier

Der Mann *betet*.

Bildnachweis: Fotolia / Syda Productions

DE **(sich) rasieren**

AR يحلق

yahliq

FA اصلاح کردن مو

eslaah kardan moo

EN to shave

FR (se) raser

Der Mann *rasiert sich*.

Bildnachweis: Shutterstock / Marcos Mesa Sam Wordley

DE **(sich) verletzen**

AR يجرح
yajrah

FA آسیب رساندن
aasieb resaandan

EN to hurt (yourself)

FR (se) blesser

Die Frau hat *sich* beim Tomatenschneiden *verletzt*.

Bildnachweis: Fotolia / Lars Zahner

DE

(sich) waschen

AR

يغتسل

yaghtassil

FA

شستن

shostan

EN

to wash

FR

(se) laver

Der Mann *wäscht sich* das Gesicht.

Bildnachweis: Shutterstock / VaLiza, Shutterstock / IAKOBCHUK VIACHESLAV

DE **(sich) duschen, baden**

AR يستحم

yasstahim

FA حمّام رفتن, آبتنی کردن

hammam kardan, abtanie kardan

EN to have a shower, to have a bath

FR se doucher, prendre un bain

Der Junge *duscht sich*.
Das Mädchen *badet*.

Bildnachweis: Shutterstock / Ilya Andriyanov

DE

(sich) die Zähne putzen

AR

ينظف أسنانه

yunathif assnanah

FA

مسواک زدن

meswaak sadan

EN

to clean your teeth

FR

se brosser les dents

Der Mann *putzt sich* die Zähne.

Bildnachweis: Shutterstock / Syda Productions

DE **(sich) kämmen**

AR يمشط

yumaschit

FA شانه کردن

shane kardan

EN to comb

FR se peigner

Amir *kämmt sich* die Haare.

Bildnachweis: Shutterstock / mangostock

DE

(sich) eincremen

AR

يدهن كريم

yadhan krem

FA

كرم زدن

kerem sadan

EN

to put (sun)cream on

FR

se mettre de la crème

Paul *cremt sich* mit Sonnencreme *ein*.

Bildnachweis: Shutterstock / AVAVA

DE **(sich) schminken**

AR يزين
yusayin

FA آرایش کردن
aarayesh kaardan

EN to put on your make up

FR (se) maquiller

Mariam *schminkt sich* jeden Morgen.

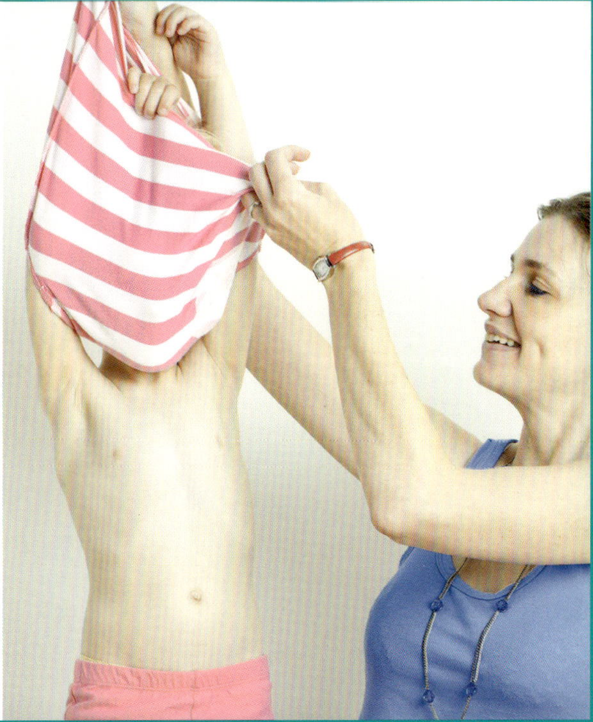

Bildnachweis: Shutterstock / stefansonn, Shutterstock / PHB.cz (Richard Semik)

DE **anziehen / ausziehen**

AR يلبس / يخلع

yalbiss / yakhlae

FA پوشیدن / درآوردن - (لباس)

pooshidan / dar aawardan – (lebass)

EN to put on / to take off

FR (s’) habiller / (se) déshabiller

Der Junge *zieht sich* ein Hemd *an*
und die Mutter *zieht* ihrer Tochter das T-Shirt *aus*.

Bildnachweis: Fotolia / Lucky Dragon

DE **zubinden**

AR يربط
yarbit

FA بستن, وصل كردن
bastan, wasl kardan

EN to tie

FR nouer

Lukas *bindet* seine Schuhe *zu*.

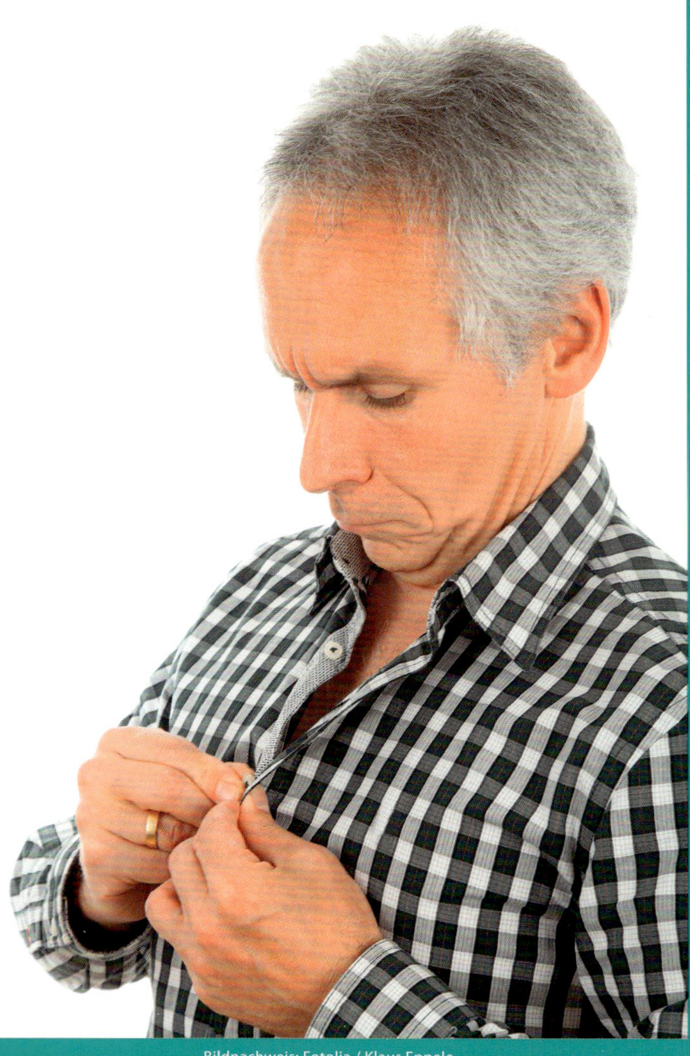

Bildnachweis: Fotolia / Klaus Eppele

DE **zuknöpfen**

AR يقفل أزراه

yaqfil asrarah

FA دكمه بستن

dokmeh bastan

EN to do up

FR boutonner

Herr Beyer *knöpft* sein Hemd *zu*.

Bildnachweis: Fotolia / milosducati

DE **ausfüllen**

AR يملئ

yumlie

FA پر کردن

por kardan

EN to fill in

FR remplir

Der Mann *füllt* das Formular *aus*.

Bildnachweis: Fotolia / Rido

DE **unterschreiben**

AR يوقع

yuwaqie

FA امضا کردن

ämsaa kardan

EN to sign

FR signer

Die Frau *unterschreibt* das Formular mit ihrem Namen.

Bildnachweis: Fotolia / contrastwerkstatt

DE **riechen**

AR يشم
yaschum

FA بوییدن
buidan

EN to smell

FR sentir

Die Suppe *riecht* gut.

Bildnachweis: Fotolia / Robert Kneschke

DE **schmecken**

AR يتذوق

yatathawaq

FA مزه کردن

mazeh kardan

EN to taste

FR qch est bon(ne)

Der Kuchen *schmeckt* lecker.

Bildnachweis: Fotolia / Monkey Business

DE **essen / trinken**

AR يأكل / يشرب

yaakul / yaschraab

FA غذا خوردن / خوراك ، نوشيدن

ghaza khordan / khorak, noushidan

EN to eat / to drink

FR manger / boire

Die Familie *isst* ihr Abendessen.
Die Familie *trinkt* Wasser.

Bildnachweis: Fotolia / contrastwerkstatt

DE **kochen**

AR يطبخ
yatbikh

FA آشپزی کردن
aashpazi kardan

EN to cook

FR faire la cuisine

Die Mutter *kocht* mit ihren Kindern.

Bildnachweis: Fotolia / gilitukha

DE **schneiden**

AR يقص

yaquss

FA بریدن

boridan

EN to cut

FR couper

Die Frau *schneidet* Gemüse und Salat.

Bildnachweis: Fotolia / contrastwerkstatt

DE **Tisch decken**

AR يحضر الطاوله

yuhaddir attawilah

FA میز چیدن

mies tshiedan

EN to set the table

FR mettre la table

Die Kellnerin *deckt den Tisch.*

Bildnachweis: Fotolia / WavebreakMediaMicro

DE

geben / nehmen

AR

يعطي / يأخز

yuatiy / yaakhuth

FA

دادن / برداشتن

dadan / bardaashtan

EN

to give / to take

FR

donner / prendre

Die Frau *gibt* der Oma die Schüssel.
Die Oma *nimmt* die Schüssel.

Bildnachweis: Shutterstock / Tyler Olson

DE **einkaufen**

AR يشتري

yaschtari

FA خريدن

kharidan

EN to buy

FR aller faire les/des courses

An diesem Marktstand
kann man Käse *einkaufen.*

Bildnachweis: Fotolia / Robert Kneschke

DE **bezahlen**

AR يدفع

yadfaa

FA پرداختن

pardaakhtan

EN to pay

FR payer

Der Mann *bezahlt* an der Kasse.

Bildnachweis: Fotolia / Monkey Business

DE **backen**

AR يخبز
yakhbus

FA پختن
pokhtan

EN to bake

FR faire de la pâtisserie, des gâteaux etc.

Lara und ihre Oma *haben* Plätzchen *gebacken*.

Bildnachweis: Fotolia / luanateutzi

DE **aufräumen**

AR يرتب
yurattib

FA جمعکردن
jam kardan

EN to tidy up

FR ranger

Toll, du hast ja *aufgeräumt!*

Bildnachweis: Fotolia / Picture-Factory

DE **putzen**

AR ينظف
yunathif

FA تميز كردن
tamiz kardan

EN to clean

FR nettoyer

Die Frau *putzt*.

Bildnachweis: Fotolia / Alexander & Theresia Schulz

DE **abschließen**

AR يغلق

yughliq

FA قفل کردن

ghofl kardan

EN to lock

FR fermer à clé

Ich *schließe ab,*
damit niemand hinein kann.

Bildnachweis: Shutterstock / bikeriderlondon

DE **stellen**

AR يضبط
yadbut

FA گذاشتن
gosashtan

EN to put

FR mettre

Die Frau und der Mann *stellen* das Sofa an die Wand.

Bildnachweis: Shutterstock / Blaj Gabriel

DE **sitzen**

AR يمكث

yamkuth

FA نشستن

neshastan

EN to sit

FR être assis(e)

Die Frauen *sitzen* am Tisch.

Bildnachweis: Shutterstock / wavebreakmedia

DE **saugen**

AR يمتص

yamtass

FA جارو کشیدن / مکیدن

djaro keshiedan / makiedan

EN to vacuum

FR passer l’aspirateur

Lara *saugt* jeden Montag in ihrer Wohnung Staub.

Bildnachweis: Shutterstock / Africa Studio

DE **fegen**

AR يكنس

yukniss

FA جارو كردن

djaroo kardan

EN to sweep

FR balayer

Der Mann *fegt* den Boden.

Bildnachweis: Shutterstock / Mita Stock Images

DE **wischen**

AR يمسح

yamssah

FA پاک کردن / گردگیری

paak kardan / gard gieri

EN to wipe

FR passer la serpillière

Die Frau *wischt* den Boden.

Bildnachweis: Fotolia / Fotowerk

DE **wohnen**

AR يسكن
yasskun

FA زندگی کردن
sendegi kardan

EN to live

FR habiter

Diese Familie möchte gern im Grünen *wohnen*.

Bildnachweis: Fotolia / trendobjects, Shutterstock / Kenny, Fotolia / Igor Link

DE **regnen / stürmen / schneien**

AR يثلج / يهاجم / يمطر

yumtir / yuhajim / yuthlij

FA باریدن / طوفان آمدن / برف آمدن

baaridan / toofan aamadan / barf aamadan

EN to rain / to be stormy / to snow

FR pleuvoir / assaillir / neiger

Es *regnet.* / Es *stürmt.* / Es *schneit*.

Bildnachweis: Shutterstock / Agnes Kantaruk

DE **frieren**

AR يتجمد

yatajamad

FA يخ زدن

yakh zadan

EN to be frozen

FR geler

Es *hat gefroren*.

Bildnachweis: Fotolia / Tanja

DE **streicheln**

AR يملس

yumaliss

FA نوازش کردن

nawaazesh kardan

EN to stroke

FR caresser

Das Mädchen *streichelt* das Pony.

Bildnachweis: Fotolia / LightingKreative

DE **fliegen**

AR يطير
yatir

FA پرواز کردن
parwaaz kardan

EN to fly

FR voler

Der Adler *fliegt* hoch am Himmel.

Bildnachweis: Fotolia / Yuri Bizgaimer

DE **fahren**

AR يقود
yaqud

FA راندن
raandan

EN to drive / to go

FR rouler

In der Stadt *fahren* viele Busse.

Bildnachweis: Fotolia / Iakov Kalinin

DE **laufen**

AR يمشي
yamschi

FA دويدن
dawidan

EN to walk

FR marcher

Viele Menschen *laufen* durch die Fußgängerzone.

Bildnachweis: Fotolia / Gina Sanders

DE **parken**

AR يركن
yarkun

FA پارک کردن
paark kardan

EN to park

FR se garer

Die Autos *parken* auf der Straße.

Bildnachweis: Shutterstock / Antonio Guillem

DE **zeigen**

AR يشير

yuschir

FA نشان دادن

neshan dadan

EN to show

FR montrer

Die Frau *zeigt* den Weg.

Bildnachweis: Fotolia / eyetronic

DE **überqueren**

AR يعبر

yaabur

FA رد کردن

rad kardan

EN to cross

FR traverser

Die Fußgänger *überqueren* die Straße auf dem Zebrastreifen.

Bildnachweis: Shutterstock / Sandra Gligorijevic

DE **warten**

AR ينتظر
yantathir

FA صبر كردن
sabr kardan

EN to wait

FR attendre

Die Kinder *warten* an der roten Ampel.

Bildnachweis: Shutterstock / gpointstudio

DE **aufstehen**

AR يقوم
yaqum

FA بلند شدن
boland shodan

EN to get up

FR se lever

Die Frau muss *aufstehen*.

Bildnachweis: Shutterstock / ruigsantos

DE **schlafen**

AR ينام

yanam

FA خوابیدن

khaabidan

EN to sleep

FR dormir

Die Frau *schläft* tief und fest.

Bildnachweis: Shutterstock / Andrey_Popov

DE **aufwecken**

AR يوقظ

yuwqith

FA بیدارشدن

biedaar shodan

EN to wake sb. up

FR réveiller

Der Wecker *weckt* den Mann um 5.30 Uhr *auf.*

Bildnachweis: Fotolia / contrastwerkstatt

DE **lernen**

AR يتعلم

yataalam

FA آموختن / یاد گرفتن

aamookhtan / yaad gereftan

EN to learn

FR apprendre

Die Schüler *lernen* zusammen.

Bildnachweis: Fotolia / fotofabrika, Shutterstock / Ditty_about_summer, Shutterstock / Africa Studio

DE **lesen / schreiben / rechnen**

AR يقرأ / يكتب / بحسب

yakraa / yaktub / yahsseb

FA خواندن / نوشتن / حساب كردن

khandaan / neweshtan / hesab kardan

EN to read / to write / to calculate

FR lire / écrire / calculer

Ich *lese, schreibe* und *rechne* gern.

DE **üben**

AR يمرن
yumarin

FA تمرين كردن
tamrien kardan

EN to practise

FR faire des exercices

Die Lehrerin *übt* mit dem Jungen.

Bildnachweis: Shutterstock / Photographee.eu

DE **helfen**

AR يساعد

yussaid

FA کمک کردن

komak kardan

EN to help

FR aider

Die Enkeltochter *hilft* ihrem Opa beim Aufstehen.

Bildnachweis: Fotolia / Robert Kneschke

DE **fragen, antworten**

AR يسأل, يجيب

yass-al, yujib

FA سئوال کردن, جواب دادن

soal kardan, djawab dadan

EN to ask, to answer

FR demander, répondre

Beim Interview *fragt* die Reporterin
und der Experte *antwortet.*

Bildnachweis: Shutterstock / wavebreakmedia

DE

(sich) ärgern

AR

يغيظني

yughithuni

FA

اذیت شدن

asiyatt shodan

EN

to be annoyed

FR

s’énerver

Der Mann *ärgert sich* über die Autopanne.

Bildnachweis: Shutterstock / Pressmaster

DE **zeichnen, malen**

AR يرسم, يلوّن

yarssum, yulawin

FA طّراحی کردن, نقّاشی کشیدن

tarraahi kardan, naghaashi keshidan

EN to draw, to paint

FR dessiner, peindre

Man *zeichnet* mit einem Bleistift und *malt* mit Pinsel und Palette.

Bildnachweis: Fotolia / highwaystarz

DE **singen**

AR يغني
yughanni

FA آواز خواندن
aawaz khaandan

EN to sing

FR chanter

Die Schüler *singen* mit ihrer Lehrerin.

Bildnachweis: Fotolia / Spectral-Design

DE **kommen / gehen**

AR يأتي / يذهب

yaati / yathab

FA آمدن / رفتن

aamadan / raftan

EN to come / to go

FR venir / aller

Der Mann *kommt* nach Hause
und *geht* kurze Zeit später wieder.

Bildnachweis: Shutterstock / Dmitri Ma

DE	**zuhören**
AR	يسمع yamssa
FA	گوش کردن goosh kardan
EN	to listen
FR	écouter

Es ist schön, einem Lied *zuzuhören*
und dabei die Welt um sich herum zu vergessen.

Bildnachweis: Shutterstock / wavebreakmedia

DE **erklären**

AR يشرح
yaschrah

FA توضيح دادن
tosieh daadan

EN to explain

FR expliquer

Die Lehrerin *erklärt* dem Schüler etwas am Computer.

Bildnachweis: Shutterstock / racorn

DE **nachdenken**

AR يفكر
yufakir

FA در مورد چیزی فکر کردن
dar moored tschizi fekr kardan

EN to think

FR réfléchir

Der Schüler *denkt nach*.

Bildnachweis: Fotolia / Creativa Images

DE **übersetzen**

AR يترجم
yutarjim

FA ترجمه کردن
tardjomeh kardan

EN to translate

FR traduire

Im Fremdsprachenunterricht lernt man, Texte *zu übersetzen*.

Bildnachweis: Fotolia / klesign

DE **ankreuzen**

AR يضع علامة

yada u alamah

FA ضربدر زدن

zarbdar sadan

EN to tick

FR cocher

In Fragebögen muss man Antworten häufig *ankreuzen*.

Bildnachweis: Fotolia / Victoria M

DE **verbessern**

AR يصحح
yussahih

FA تحصيح كردن
tahsieh kardan

EN to correct

FR corriger

Die Lehrerin *verbessert* die Mathematikaufgaben.

Bildnachweis: Fotolia / highwaystarz

DE **vergessen**

AR ينسى

yanssa

FA فراموش كردن

faraamoosh kardan

EN to forget, to leave (at)

FR oublier

Oh nein, ich habe den Termin *vergessen!*

Bildnachweis: Fotolia / Iakov Filimonov

DE **mitbringen**

AR يحضر معه

yuhdir maah

FA آوردن

aawardan

EN to bring, to take sth. with you

FR apporter

Schön, dass du Blumen *mitgebracht hast!*

Bildnachweis: Shutterstock / Syda Productions

DE **(sich) melden**

AR يسجل
yussajil

FA خبر دادن
khabar daadan

EN to put your hand up

FR lever la main

Die Schüler *melden sich*.

Bildnachweis: Shutterstock / gpointstudio

DE **vorlesen**

AR يقرأ

yaqraa

FA خواندن / روخوانی کردن

khaandan / rookhaani kardan

EN to read out loud

FR lire à haute voix

Die Mutter *liest* ihrer Tochter *vor.*

Bildnachweis: Fotolia / Ingo Bartussek

DE

Fußball/Karten spielen

AR

يلعب بأوراق كرة القدم

yalaabu biawraq kuratilqadam

FA

فوتبال بازی, کارت بازی

football basie, kart basie

EN

play football/cards

FR

jouer au football/aux cartes

Die Kinder *spielen* Fußball im Verein.
Opa *spielt* Karten.

Bildnachweis: Fotolia / Shmel

DE **turnen**

AR يمارس الجمباز

yumariss al jumbas

FA ژیمناستیک

jimnastik

EN to do gymnastics

FR faire de la gymnastique

Die Kinder gehen regelmäßig *turnen.*

Bildnachweis: Fotolia / altanaka

DE **schwimmen**

AR يسبح
yassbah

FA شنا كردن
shena kardan

EN to swim

FR nager

Die Mädchen *schwimmen* regelmäßig im Freibad.

Bildnachweis: Fotolia / ARochau

DE

Fahrrad fahren

AR

يقود دراجه

yaqud darrajah

FA

دوچرخه سواری

dotscharkhä sawary

EN

to ride a bicycle

FR

rouler à vélo

Die Familie *fährt* häufig Fahrrad.

Bildnachweis: Shutterstock / Pressmaster

DE **verlieren, gewinnen**

AR يخسر, يفوز

yakhssar, yafus

FA بردن, باختن

bordan, bakhtann

EN to lose, to win

FR perdre, gagner

Schachmatt!

Ich *habe gewonnen* und du *hast verloren.*

Bildnachweis: Fotolia / yanlev

DE **springen**

AR يقفز
yaqfis

FA پریدن
pariedan

EN to jump

FR sauter

Juhu! Wir *springen* in die Luft.

Bildnachweis: Fotolia / Sergey Novikov

DE **werfen**

AR يرمي
yarmi

FA انداختن
Andaakhtan

EN to throw

FR lancer

Der Junge möchte den Ball in den Korb *werfen*.

Bildnachweis: Fotolia / RUSLAN GUZOV

DE **tanzen**

AR يرقص
yarquss

FA رقصيدن
raghsiedan

EN to dance

FR danser

Jeden Mittwoch gehen wir *tanzen*.

Bildnachweis: Fotolia / SolisImages

DE **joggen**

AR يركض
yarkud

FA دویدن ورزشی
dawiedan

EN to go jogging

FR faire du jogging

Die Gruppe *joggt* regelmäßig im Wald.

Bildnachweis: Fotolia / Rawpixel.com

DE **fotografieren**

AR يصور

yussawir

FA عگاسی کردن

akkasie kardan

EN to take photos

FR photographier

Ariane *fotografiert* gerne.

Bildnachweis: Fotolia / Robert Przybysz

DE **nähen**

AR يخيط
yukhit

FA دوختن
dookhtan

EN to sew

FR coudre

Manche *nähen* gern in ihrer Freizeit.

Bildnachweis: Fotolia / Andrey Popov

DE **arbeiten**

AR يعمل

yaamal

FA كار كردن

kaar kardan

EN to work

FR travailler

Der Mann *arbeitet* als Müllwerker.

Bildnachweis: Shutterstock / wavebreakmedia

DE **telefonieren**

AR يتصل

yatassil

FA تلفن صحبت كردن

telefon sohbatt kardan

EN to phone

FR téléphoner

Wie lange *telefonierst* du schon?

Bildnachweis: Shutterstock / Andrey_Popov

DE **reparieren**

AR يصلح

yusslih

FA تعمیر کردن

taamier kardan

EN to repair

FR réparer

Der Handwerker *repariert* das Abflussrohr.

Bildnachweis: Fotolia / RioPatuca Images

DE **untersuchen**

AR يكشف

yakschif

FA بررسی کردن

barresie kardan

EN to examine

FR ausculter, analyser

Die Kinderärztin *untersucht* das Baby.

Bildnachweis: Fotolia / Kadmy

DE **bauen**

AR يبني
yabni

FA ساختن
saakhtan

EN to build

FR construire

Der Maurer *baut* ein Haus aus Stein.

Bildnachweis: Shutterstock / Iakov Filimonov

DE **verkaufen**

AR يبيع
yabiye

FA فروختن
forookhtan

EN to sell

FR vendre

Der Mann *verkauft* Gemüse.

Bildnachweis: Fotolia / Iakov Filimonov

DE **bedienen**

AR يخدم
yakhdim

FA پذیرایی کردن
pasierayie kardan

EN to serve

FR servir

Ein freundlicher Kellner *bedient* die Restaurantbesucher.

Liebe Lehrerinnen und Lehrer,
Sprache ist der Schlüssel zum Ankommen in einem neuen Land!

Diese 100 Fotokarten sind für Schülerinnen, Schüler und Erwachsene gedacht, die noch nie oder sehr wenig mit der deutschen Sprache in Berührung gekommen sind. Das Kartenset beinhaltet einen Großteil der wichtigsten deutschen Verben aus der Lebenswelt der DaF/DaZ-Lerner. Sie sind in die Sprachen Arabisch (AR), Farsi (FA), Englisch (EN) und Französisch (FR) übersetzt. Zu jedem Verb gibt es einen passenden deutschen Beispielsatz, der zu dem Foto auf der Kartenvorderseite passt. Die einfachen Aussprachehilfen für Arabisch und Farsi erleichtern Ihnen die Kommunikation mit Ihren Schülerinnen und Schülern.

Um eine längere Haltbarkeit zu gewährleisten, laminieren Sie die Karten bitte vor dem Gebrauch.

Didaktische Hinweise, weitere Ideen für den Einsatz der Karten im Unterricht und den Wörter-Glossar finden Sie auf unserer Webseite **www.cornelsen.de.**

Geben sie dafür die **ISBN-Nummer** des Titels im **Suchfeld** ein und klicken Sie anschließend auf das im Fenster erscheinende Cover. Hier finden Sie im linken Navigationsbereich den Reiter **Download**, wo Sie die **Zusatzmaterialien** kostenfrei abrufen können.

Willkommen – für ein schnelles Miteinander!

Die Fotokarten aus der Lebenswelt von Schülern und Erwachsenen ...

- fördern eine erste Verständigung und ein Zurechtfinden
- ermöglichen das schnelle Lernen der Sprache
- beinhalten vier Übersetzungen (Arab., Farsi, Engl., Franz.) und Aussprachehilfen (Arab., Farsi)
- bieten didaktische Hinweise und Tipps zur Umsetzung.

Themenbereiche: Familie, Körper, Hygiene, Gesundheit, Kleidung, Ernährung, Einkaufen, Wetter, Schule, Sport, Freizeit und Arbeit

Mit den über 100 wichtigsten deutschen Verben!

ISBN 978-3-589-15023-6